2. Auflage (2020)
© Copyright PTP by ACE –
Verein zur Konservierung und Publikation
von Literatur, Bild- und Tonträgern
Wien, Österreich
Originalausgabe: Alexandra C. Eckel
Umschlag: left-handed painters
Satz: Garamond
Druck und Bindung: BoD, Norderstedt
Erstauflage: 2019
Umweltfreundlich gedruckt in der EU
ISBN: 978-3-9504447-6-6
Alle Rechte vorbehalten.

www.ptpbyace.com
Facebook: @ptpbyace

Alexandra C. Eckel

Stadtgeschichten

3 Spaziergänge durch Wien

PTP by ACE

THE GATE TO YOUR EMOTIONS

Wer ans Ziel kommen will,
kann mit der Postkutsche fahren.
Aber wer richtig reisen will, soll zu Fuß gehen.

Jean-Jaques Rousseau

Der Altstadtspaziergang

© Agnes Pintar

Die Ruprechtskirche

Begebenheit um das Jahr 740 oder 1200 n.Chr.
(1010, Seitenstettengasse 5)

Chuniald und Gislar, zwei Glaubensboten aus dem Erzbistum Salzburg, werden ausgesandt, um kleine Anlegestellen mit Bethäusern für die Salzschiffer zu errichten. So kann das wertvolle Gewürz auch in den entlegensten Reichen gehandelt werden.

Die lange Reise über die Salzach, den Inn und schließlich die Donau ist strapaziös und gefährlich. Ständig müssen sie nach Salzdieben Ausschau halten. Doch dann lassen sie die rauen Alpen hinter sich und auch das idyllische Alpenvorland, bis sie in einer Tiefebene landen. Dort verzweigt sich die Donau in hunderte kleinere und größere, tiefere und seichtere Seitenarme.

Das Schiff mit Chuniald und Gislar folgt dem ruhigsten Arm, der tief genug ist für das schwere weiße Gold. Die beiden Glaubensboten sind verzaubert von der schönen Landschaft. Hier wollen sie unbedingt die letzte Anlegestelle und das größte ihrer Bethäuser bauen, bevor die Donau die Ostmark verlässt.

Sie besteigen die kleine Anhöhe am Flussufer. Dort finden sie alte römische Ruinen. Sie sind wohl nicht die Ersten, welche die Lage dieses Ortes zu schätzen wissen. Ihre Erkundungstour führt sie ein Stückchen flussaufwärts. Sie wählen ein kleines Plateau mit guter Aussicht als Standort ihrer Kirche. Diese widmen sie dem Heiligen Ruprecht, dem Schutzpatron der Salzhändler.

Was Chuniald und Gislar nicht wissen, ist, dass sie damit auch den Grundstein für die Weltstadt Wien legen.

Die Ankeruhr

Begebenheit im Frühling 1945
(1010, Hoher Markt 10-11)

Noch bevor die Sonne über den Horizont klettert, ist Walter Sedlacek auf dem Weg zu seiner Arbeitsstätte. Der Radiobericht lässt ihm einfach keine Ruhe. Das Bürogebäude der Anker-Versicherung soll zerstört sein. Walter ist überzeugt, die russischen Alliierten tragen die Schuld. Staubig und abgekämpft kommt er am Hohen Markt an. Tatsächlich stehen hier nur mehr die Grundmauern zwischen Hügeln aus Schutt und Asche. Bestürzt starrt er auf sein ehemaliges Büro. Nach und nach kommen weitere Kollegen und stellen sich mit dem gleichen betroffenen Blick neben ihn. Es herrscht Stille.

Bis ein Geräusch in diese Stille kriecht: Metall wird über Stein geschleift. Während die anderen verwundert umherschauen, läuft Walter zum Eingang und schleicht in das Gebäude. Gerade kommen zwei Burschen die Stufen hinunter. Sie schleifen eine der Statuen der Ankeruhr mit sich.

Erbost ruft er auf Russisch: „остановка! [Halt!]"

Die Burschen heben verschreckt die Köpfe. Dann grinsen sie: „Du bist ja gar kein Russ'!"

„Ihr aber auch ned!" Nach der ersten Überraschung erkennt er ihr Vorhaben. „Ihr G'frastsackl'n fladert's grad unsere Statuen! Ihr seid's Metalldiebe!"

Während er auf die geschockten Jugendlichen zustürmt, schreit er aus vollem Leib um Hilfe. Von draußen stürzen seine Kollegen herein. Ihnen bietet sich eine Prügelei, wie sie selten vorkommt. Sedlacek versucht aus Leibeskräften die Burschen von der Statue wegzustoßen, während die sich – einer vorne, einer hinten – an ihn hängen. Schnell eilen ihm seine Kollegen zu Hilfe und gemeinsam schlagen sie die Metalldiebe in die Flucht. Nie mehr hat jemand versucht, die Statuen der Ankeruhr zu stehlen.

So haben die zuverlässigen Mitarbeiter der Anker-Versicherung nicht nur ihre Uhr, sondern auch die Vergänglichkeit der Zeit bewahrt.

© ACE / Helvetia Versicherung

Am Glückshafen

Geschichte um 1702
(1010, Graben)

Leise raunzend schleppt sich der Edle von Neustadt aus seinem Haus. Seine Gattin hat ihn wieder einmal zur Bewegung an der Luft getrieben; auf Anraten des Arztes. Sein Haus steht direkt am ehemaligen Burggraben, der sich zu einem Markt entwickelt hat. Da die Gattin vom Fenster hinunterschaut, geht der Edle von Neustadt schweren Schrittes zwischen den Buden umher.

Bei einer Verschnaufpause bemerkt er unweit einen Stand mit der Aufschrift „Glückshafen". Er nähert sich. Ein kleiner Bub bezahlt gerade einen Kreuzer, wofür ihm die schöne blonde Verkäuferin ein Los aus dem Füllhorn hinhält. Der Edle wirft ihr seinen Kreuzer auf den Tisch und schnappt sich das Los. Gierig faltet er es auf. Es ist eine Niete. Der Bub aber erhält ein neues Los und gewinnt damit einen nützlichen Nussknacker aus Holz.

Am nächsten Tag zahlt der Edle den Kreuzer gleichzeitig mit einem ärmlichen Gesellen. Die Glücksfee legt zwei Lose hintereinander auf den Tisch. Der Geselle überlässt dem Edlen die Wahl. Gierig greift dieser das hintere Los. Es ist wieder eine Niete. Doch der Geselle gewinnt drei Silbermünzen. Da sagt die Glücksfee: „Fortuna gibt jenen, die bereit sind selbst zu geben." Erbost über diese Dreistigkeit zieht er schimpfend von dannen.

Und dennoch fordert er Fortuna jeden Tag auf's Neue heraus. Doch sein Los bleibt weiterhin eine Niete.

Das Looshaus

Begebenheit im Jahr 1912
(1010, Michaelerplatz 3)

Entsetzt blickt Kaiser Franz Joseph auf das neuerrichtete Gebäude vor ihm: das Looshaus. Mit seiner moderenen Fasade verschandelt es das gediegene Wiener Stadtbild.
Den kurzen Weg aus der Hofburg über den Michaelerplatz zur Eröffnungsfeier legt er in der Kutsche zurück. Die Menschen stehen dicht gedrängt am gesamten Platz.
Er wendet sich seinem Bruder Ludwig Viktor zu, der neben ihm sitzt: „Und dies'n Schandfleck soll ich eröffnen? Das ist das Ende der Architektur…"
„Schau', ich wär' auch lieber aus einem and'ren Grund aus Salzburg g'kommen. Aber was willst mach'n?"
„Ich bin immerhin der Kaiser…", beginnt Franz Joseph zornig, aber eine Lösung fällt ihm auch nicht ein. Das strenge Hofzeremoniell kann auch er nicht umgehen. Missmutig murmelt er: „Nie wieder werd' ich den Michaelertrakt betreten. Dann muss ich mir diesen Schund nicht anseh'n."
Ludwig Viktor lacht: „Die Zeiten ändern sich und mit ihr auch die Architektur. Und jetz' halt die Rede und beend' sie wie immer mit: ‚Es war sehr schön, es hat mich sehr gefreut!'."
Tatsächlich hält in diesem Moment die Kutsche. Mit gesenktem Blick steigt Kaiser Franz Joseph aus und konzentriert sich auf seine Aufgabe. Emotionslos hält er seine vorgeschriebene Rede. Dann lässt er den Priester einen Segen sprechen. Bevor er wieder in den Prunk der Hofburg zurückkehrt, verabschiedet er sich lediglich mit den gequälten Worten: „… es hat mich sehr gefreut!"

Hungrige Löwen

Sage aus dem 12. Jahrhundert
(1010, Hofburg Höhe Schweizerhof)

Festlich erstrahlt die Burg an diesem Abend. Die Außen-
mauern sind erhellt von großen Fackeln, die geheimnis-
volle Schatten über den ganzen Burghof bis hinein in den
Burggraben werfen.

Die Magd Ruth läuft schnellen Schrittes von der Küche
über den Hof. Dabei balanciert sie ein weiteres großes
Tablett voll Koteletts und Würstel. Nur bei der schmalen
Holzbrücke, die über den alten, ausgedienten Burggraben
zum Prunksaal führt, macht sie Halt. Langsam und mit
Bedacht setzt ihren Weg fort. Die Holbalken unter ihren
Füßen knarren. Als sich ein übereifriger Höfling an ihr
vorbeidrängt, verliert sie fast den Halt und blickt in den
Graben.

Dort unten schleichen sie, die wilden Bestien. Den Blick
richten sie immer nach oben, denn es könnte ja ein Hap-
pen herabfallen. Und tatsächlich werfen die Hochwohlge-
borenen ihre Essenreste durch die Fenster den Löwen
zum Fraß vor. Wie amüsant es doch ist, wenn diese sich
dann brüllend und knurrend darauf stürzen.

Ruth zwingt sich zur Konzentration und setzt ihren Weg
mit zitternden Knien fort. Im Festsaal wird sie schon
erwartet. Die Gäste stürzen sich auf das Fleisch, dann
zum Fenster und das Fleisch wieder hinunter zu den Bestien.

Als sich Ruth wieder auf den Weg zur Küche macht, fragt
sie sich: „Wozu trag' ich ihnen das Essen überhaupt rauf?
Ich hätt's auch gleich fallen lassen können." In Gedanken
versunken übersieht die Unglückliche ein loses Brett und
stolpert. Diesmal können sich die Bestien über Frisch-
fleisch freuen.

Heldenplatz-Pferde

Geschichte aus dem Jahr 1861
(1010, Heldenplatz)

In seiner eigenen Welt versunken sitzt der Bildhauer Anton Dominik Fernkorn in der hintersten Ecke eines Wiener Kaffeehauses. Das Treiben um ihn herum nimmt er nur am Rande wahr, bis eine kleine Gruppe Künstler seine Aufmerksamkeit erregt. Sie diskutieren über den Funken Glück, der einen Künstler über die Grenzen der Monarchie bekannt macht.

Fernkorn murmelt halblaut in seinen Vollbart: „Fortuna is' a liederliche Dirn'! Mag' sie einem Künstler z'erst hold sein, kehrt sie sich dann und er fällt; er fällt tief! Aber was wisst's ihr scho'?"

Die anderen Künstler blicken sich fragend an. An mehreren Tischen ist neugieriges Schweigen eingekehrt.

Einer der Künstler bricht die Spannung: „Verzeih'n Sie, g'nädiger Herr! Wie dürfen wir Sie versteh'n?"

Mit einem abfälligen, kurzen Lachen antwortet der Bildhauer: „Kennen tut's mich wohl nicht, ihr Buben. Ich bin Anton Dominik Fernkorn, Bildhauer und Erschaffer der Reiterstatue des Erzherzog Karls am Heldenplatz." Er wartet die Reaktionen ab.

Und tatsächlich sind die anderen Gäste beeindruckt: „Sie sind der Meister dieses Kunstwerks? Ein Pferd nur auf den Hinterläufen stehen zu lassen... Das is' die wahre Kunst!"

Einen kurzen Moment fühlt sich Fernkorn geschmeichelt, doch dann holt ihn die Realität ein. Zur Überraschung aller beginnt er lautstark zu zetern: „Kunst? Das war wohl Fortunas Werk! Oder warum g'lingt's mir nicht mehr? Der Prinz Eugen bleibt mit seinem Gaul einfach nicht steh'n auf die Hinterläuf'! Dem einen hold, den ander'n verspottend, diese liederliche Dirn'!"

Als er dann auch noch wirr und zeternd zwischen den Tischen umhergeht, erhebt sich ein älterer Herr mit runder Brille von einem der Fenstertische und geht ruhig auf den Bildhauer zu. Dabei redet er in monotoner Stimme auf ihn ein. Nach einigen Minuten lässt sich Fernkorn aus dem Kaffeehaus führen.

Der ältere Herr hält eine Kutsche an und gibt das Fahrtziel bekannt: „In die Landesirrenanstalt am Brünnlfeld." Dann wendet er sich an seinen Patienten: „Mein Name is' Dr. Moritz Gauster und ich werd' zuseh'n, dass es Ihnen bald besser geht." Und so verschwindet das Genie von der Bildfläche.

Ringstraßen-Korso

Geschichte aus dem Jahr 1912
(1010, Burgring)

„Amen!" Die Sonntagsmesse ist vorbei und Schani flitzt durch die Gassen von der Michaelerkirche vor zur Oper. Andächtiger als zuvor in der Messe betritt er die Ringstraße. Da flanieren schon die ersten Adeligen und andere der gehobenen Wiener Gesellschaft.

Fasziniert beobachtet er die Leute. Da schreitet eine wunderschöne Dame am Arm von Sigmund Freud. Schani blickt ihnen mit offenem Mund nach. Da sieht er plötzlich Klimt, Schiele und Kokoschka unter einem Baum leidenschaftlich diskutieren. Schani schleicht sich näher. „Worüber Maler wohl streiten?", wundert er sich.

In seiner Konzentration übersieht er einen Herrn und läuft in ihn hinein.

„Verzeihung, g'nädiger Herr!" Er blickt nach oben, erkennt sein Gegenüber, reißt die Augen erschrocken auf und verbeugt sich tief. Dabei murmelt er: „Oje, jetz' hab' ich den Bruder vom Kaiser umg'rannt."

Ludwig Viktor will schon schimpfen, doch irgendetwas an dem Arbeiterbuben berührt sein Herz. „Was treibt dich denn auf die Ringstraße?"

„Ich schau' mir nur die Leut' an, Majestät. Und vielleicht seh' ich ja auch mal den Kaiser!"

„Na, da wirst du bei Feierlichkeiten mehr Glück haben. Und jetzt, schau' dass'd weiterkommst."

Glücklich salutiert Schani und schaut sich weiter die Leute an.

Mozart & der Adel

Begebenheit aus dem Jahr 1762
(1010, Burggarten)

Engelsgleiche Töne hallen durch das Schloss Schönbrunn. Die gesamte kaiserliche Familie hat sich versammelt, um den beiden kleinen Mozart-Kindern Wolferl und Nannerl zu lauschen. Voller Grazie verbeugen sich die beiden unter tosendem Applaus.

Plötzlich läuft der sechsjährige Wolferl los, hüpft der Kaiserin Maria Theresia auf den Schoß und busserlt sie ab. Verdutzt blickt sie ihn an, lächelt dann aber milde. Wie könnte sie ihm diese Fauxpas nicht verzeihen? „Wolferl, wird denn diese Ehre jeder Dame zuteil?"

„Nein, Euer Majestät! Nur den Netten", kommt die prompte Antwort.

Jetzt hallt schallendes Gelächter durch das alte Schloss.

Wenige Monate später begeistert der junge Mozart Madame Pompadour und ihre Hofdamen in Paris – vorrangig mit seiner Musik. Wieder verteilt er Busserl an die Damenwelt, die diese mit verzücktem Blick erwidern. Nur die Madame selbst lehnt seine Zuneigung ab. Empört kommentiert er das auf Deutsch, damit sie es nicht verstehen kann: „Wer is' die da, dass sie mich nicht küssen will? Hat mich doch die Kaiserin geküsst!"

Die letzte Kaiserin

Begebenheit aus dem Jahr 1989
(1010, Tegetthoffstraße 2)

„... Heil dem Kaiser, Heil dem Lande! Österreich wird ewig steh'n!" Als Österreichs letzte Kaiserin, Zita von Bourbon-Parma, den Stephansdom verlässt, verstummt auch Haydns Kaiserhymne ein letztes Mal. Würdevoll wird ihr Sarg auf die kaiserliche Leichenkutsche, von 8 Rappen gezogen, gehoben. Denn auch wenn die Monarchie schon 71 Jahre zuvor erloschen ist, die Tradition ist den Österreichern heilig.

Und so setzt sich der Trauermarsch in der Abenddämmerung in Bewegung. Nebel und Regen begleiten Zita auf ihrem letzten Weg in die Kaisergruft. Drei Mal wird an der schweren Holztür geklopft.

„Wer erbittet Einlass?"

„Zita, Kaiserin von Österreich, Königin von Ungarn."

„Wir kennen sie nicht."

Wieder wird drei Mal geklopft.

„Wer erbittet Einlass?"

"Zita, Kaiserin von Österreich, gekrönte Königin von Ungarn, Königin von Böhmen, Dalmatien, Kroatien, Slawonien, Galizien, Lodomerien und Illyrien, Königin von Jerusalem, Erzherzogin von Österreich, Großherzogin der Toskana und von Krakau, Herzogin von Lothringen und Bar, von Salzburg, Steyer, Kärnten, Krain und der Bukowina, Großfürstin von Siebenbürgen, Markgräfin von Mähren, Herzogin von Ober- und Niederschlesien, von Modena, Piacenza und Guastalla, von Auschwitz und von Zator, Teschen, Friaul, Ragusa und Zara, gefürstete Gräfin von Habsburg und Tirol, von Kyburg, Görz und Gradisca, Fürstin von Trient und Brixen, Markgräfin von Ober- und Niederlausitz und Istrien, Gräfin von Hohenems, Feldkirch, Bregenz und Sonnenberg, Herrin von

Triest, von Cattaro und auf der Windischen Mark, Groß-
wojwodin der Wojwodschaft Serbien, Infantin von Spani-
en, Prinzessin von Portugal und von Parma."

„Wir kennen sie nicht."

Erneutes Klopfen.

„Wer erbittet Einlass?"

„Zita, eine arme Sünderin vor dem Herr'n."

Da öffnet sich das schwarze Tor und die letzte Kaiserin
wird als einfache Christin empfangen.

Jetzt ruht sie an dem Ort, der die Konsequenz ihres Lebens und ihrer Liebe zu Österreich gewesen ist.

Stock im Eisen

Sage aus dem 16. Jahrhundert
(1010, Stock-im-Eisen-Platz 3)

In der Dunkelheit stolpert der Schlosserlehrling Egidius vor die Stadtmauer Wiens. Unter seinem Mantel versteckt er einen Hammer und einen Eisennagel. Denn heute Nacht wird er sich im Stock im Eisen verewigen.

Gerade als er den Nagel am Holz ansetzt, tritt eine hagere Gestalt mit einem weiten Kapuzenumhang aus dem Schatten. „Bist du denn schon Geselle, dass du dich hier verewigen darfst?"

Erschrocken weicht Egidius ein paar Schritte zurück und stammelt: „N... Nein, das dauert noch. Aber ich will jetz' scho' hier dazug'hören!"

Der Kapuzenmann lacht leise. „Wie wäre es mit einem Handel?" Als der Lehrling nur fragend schaut, fährt er fort. „Du, lieber Egidius, gehst während deiner Lehre jeden Sonntag in Kirche, lässt keinen einzigen aus. Dafür werde ich deine Lehre einfach und schnell gestalten. Dann erst darfst du deinen Nagel hier einschlagen."

Egidius stimmt zu und steckt den Nagel wieder in seine Tasche. Und in der Tat erscheint ihm seine Lehre wie ein Kinderspiel.

Eines Sonnabends, wenige Tage vor dem Lehrabschluss, pokert Egidius gegen einen harten Gegner. Die ganze Nacht hindurch verbeißt er sich in das Spiel, denn schneller Reichtum winkt ihm hier.

Als überraschend die Kirchenglocken zur Sonntagsmesse läuten, schreckt Egidius hoch. Er rafft seine Siebensachen zusammen, murmelt eine Entschuldigung und stürzt bei der Tür hinaus. In seiner Hektik hat er gar nicht bemerkt, dass sich sein Gegner in eine hagere Gestalt mit schwarzem Kapuzenumhang verwandelt hat.

Draußen auf dem Kirchplatz saust ein grässliches Höllen-
geschöpf auf Egidius herab, greift ihn mit seinen Klauen
und trägt ihn davon. Dabei fällt ihm der Eisennagel aus
der Tasche, der verlassen am Boden liegen bleibt.

© Wilhelm Kisch: Die alten Straßen und Plätze Wiens, Wien 1883

16

In der Blutgasse

Geschichte um 1550
(1010, Blutgasse 3)

Betend steht Pater Georg im Morgengrauen am Fenster in seiner Kammer. Leise murmelnd bittet er den Herrgott um Beistand für den Tag. Möge es doch so ruhig bleiben wie zu dieser Stunde. Ein frommer Wunsch, das weiß Pater Georg auch, denn er kann bereits die Todesschreie der Tiere hören. Das Schlachthaus hat seine Arbeit bereits aufgenommen. Nach fast 40 Tagen fasten – und Ruhe – geht es wieder los.

„Das auch noch am Gründonnerstag, und nur, weil der Kardinal zu Sankt Stephan auf sein Osterlamm besteht." Doch noch bevor Pater Georgs Gedanken tiefschürfender und abtrünniger werden können, mahnen die Kirchenglocken zur Morgenandacht. Wenigstens übertönen sie das Blöken der Lämmer.

Bevor er von seiner Türschwelle in die Gasse tritt, wirft er einen wachsamen Blick zur Seite. Doch es ist zu spät. Das immer größer werdende Rinnsal aus dickflüssigem Blut hat ihn bereits erreicht. Nur in der erhöhten Gassenmitte ist das Kopfsteinpflaster noch grau.

„Verdammte Blutgasse", murmelt er in seinen nicht vorhandenen Bart. Dann schließt Georg kreidebleich und angeekelt seine Augen und macht einen großen Schritt. Tänzelnd läuft er auf dem schmalen blutleeren Streifen in die heilige Kirche. Bei seiner Rückkehr wird auch dieser Streifen im Blut untergegangen sein.

Und so kam die Gasse zu ihrem Namen.

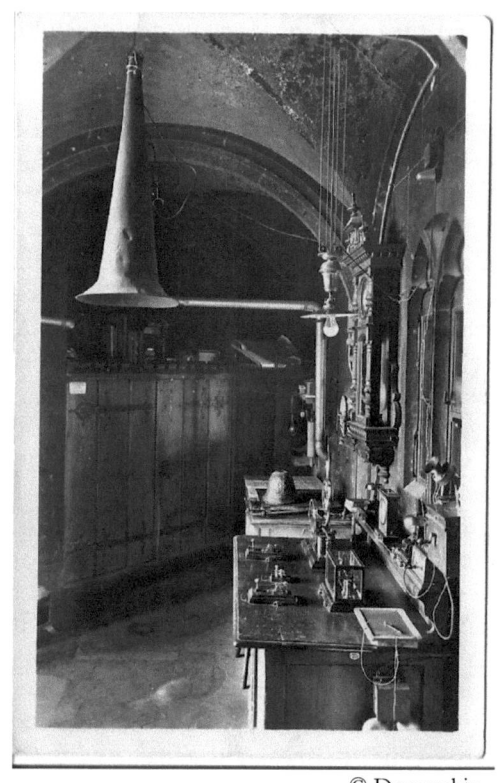

© Domarchiv

In der Türmerstube

Sage aus dem 16. Jahrhundert
(1010, Stephansplatz 3)

Die Nacht bricht über Wien herein. Nach und nach verlöschen die Lichter in den Fenstern. Nur die Stube im Südturm des Doms zu Sankt Stephan bleibt hell erleuchtet. Der Türmer Florian hält heute die Nachtwache über die Stadt, um im Notfall den Feueralarm zu schlagen. Diese langen Nächte vertreibt er sich an seiner kurzen Kegelbahn. Da ihm die normalen Würfe schon lange zu einfach sind, rollt er die Kugel verkehrt herum stehend durch seine Beine. „Auch so fall'n immer alle Neune", denkt er überheblich.

Eines Nachts steht eine hagere Gestalt mit wallendem, schwarzem Umhang in der Türmerstube und fordert Florian mit einer Wette heraus. Siegesgewiss willigt er ein. Wie erwartet trifft er alle Kegel und fordert süffisant: „Nun zeig', ob'sd das auch kannst!"

Der Hagere hebt die Kugel auf und lächelt. „Ich treffe immer alle Neune!"

Doch als er sich umdreht, um die Kugel zu rollen, lässt Florian einen Kegel aus dem Turmfenster fallen. Sein Gegner wirft und trifft.

„Ha, des sind nur acht!" lacht der hochmütige Türmer.

Da krümmt der andere seine knochigen Finger. Die Kugel rollt erneut, nimmt Fahrt auf und springt Florian gegen Kopf. Dieser taumelt nach hinten und stürzt 72 Meter in die Tiefe.

„Ich treffe immer alle Neune!" Die Worte verhallen in der Stille um Sankt Stephan.

Der Basilisk von Wien

Sage aus dem Jahr 1212
(1010, Schönlaterngasse 3)

Wie jeden Morgen beobachtet der Bäckergeselle Fritz die schöne Magd Mitzi beim Wasserholen am Brunnen vor ihrer Arbeitsstätte. Als sie zur Wasseroberfläche blickt, lässt sie einen gellenden Schrei los und weicht erschrocken zurück. Fritz und andere Umstehende eilen herbei.

Atemlos berichtet Mitzi von einem Ungeheuer, das sie eben im Brunnen gesehen habe: „Den Kopf eines Hahns, den Körper einer Schlang' und die Hax'n einer Kröte!"

Ein Gelehrter tritt aus der Menge und verkündet: „Der Basilisk; er ist hier!"

Mitzi haucht fordernd: „Tötet ihn!"

Die Menschen blicken einander ratlos an, einige gehen sogar weg, während der Gelehrte wieder das Wort ergreift: „Das ist unmöglich. Sein Blick allein ist tödlich."

Ein erstickter Schrei und Mitzi fällt in Ohnmacht. Fritz kann sie erst in letzter Sekunde auffangen. Ihre Zerbrechlichkeit zerreißt ihm das Herz.

Mutig übergibt er die Magd in die Obhut des Gelehrten, verlangt nach einem Spiegel und steigt hinab in die Dunkelheit. Den Spiegel immer als Schild vor sich haltend, klettert er so tief bis er ein ohrenbetäubendes Kreischen vernimmt. Der Basilisk ist durch sein eigenes Spiegelbild zu Stein erstarrt.

Als Fritz wieder ans Tageslicht kommt, fällt Mitzi ihm so stürmisch um den Hals, dass beide beinahe wieder in den Brunnen purzeln. Und von da an leben sie glücklich vereint.

Oh, du lieber Augustin

Begebenheit aus dem Jahr 1679
(1010, Fleischmarkt 11)

Trotz der späten Dämmerung treiben sich noch unzählige Menschen im engen Wiener Gass'lwerk herum. Die meisten sind auf dem Weg zum Griechenbeisl, denn heute spielt der liebe Augustin wieder auf. Der Bänkelsänger selbst ist von seinem Auftritt nur mäßig begeistert. Es ist ja auch jedes Mal dasselbe für ihn. Kurz bevor er durch den Hintereingang die Gaststube betritt, jammert seine innere Stimme: „Immer dasselbe hier. Zuerst steigst auf die in der Gass' liegenden Pestleichen und dann singst die alten Lieder rauf und runter. Nur der Wein, der is' gut und kommt gelegen." Immer an den Wein denkend, setzt Augustin sich mit seinem Dudelsack an den großen Stammtisch und spielt auf. Die Leute singen, tanzen, essen und feiern. Es ist eine willkommene Abwechslung zum tödlichen Alltag durch die Pest.

Weit nach Mitternacht zieht Augustin seiner Wege. Stockbesoffen wankt er durch die Gassen und stolpert über Pestleichen, die von den Angehörigen zur Abholung vor die Häuser gelegt worden sind. Schließlich bleibt er zwischen den Toten mit den schwarzen Beulen liegen.

Im Morgengrauen kommen die Siech-Knechte mit ihrem Pferdekarren und sammeln die Leichen ein. Achtlos werfen sie alles Menschliche auf ihr Gefährt. Wenn es voll ist, fahren sie zur nächsten offenen Pestgrube und kippen die Toten hinein. Unter ihnen fällt auch die Schnapsleiche Augustin in die Grube.

Erst als die Sonne hoch am Himmel steht, erwacht der Sänger. Um ihn herum liegen nur verbeulte Tote. Als er sich seiner misslichen Lage gewahr wird, versucht er sich vorsichtig aufzurichten und selbst aus der Grube zu ziehen. Doch so gut ist diese noch nicht gefüllt. Panik steigt in ihm hoch und seine Sicht beginnt zu verschwimmen. Um sich abzulenken, setzt er sich auf die Leichen und spielt seinen Dudelsack. Dazu improvisiert er einen Text, der von seinem Sieg über den Pesttod erzählt. Endlich werden die Bürger auf ihn aufmerksam und ziehen ihn aus der Grube.

Schnell spricht sich seine Mähr herum und die Wiener strömen in Scharen zu seinen Erzählstunden in die Gasthäuser und Heurigen.

Über die Wiener Kaffeehauskultur

Geschichte aus dem Jahr 1683
(1010, Wien)

Mit triumphalem Lächeln blickt Prinz Eugen von Savoyen der Staubwolke am Horizont hinterher. „Ja, da zieh'n sie dahin, die Osmanen", murmelt er verträumt, als ihn die Stimme seines Kommandanten in die Realität zurückholt.
„Machen Sie sich nützlich, Oberleutnant! Räumen Sie das Lager der Türken!"
Ernst salutiert er, doch seine Euphorie bleibt ungetrübt.
Im Lager durchsucht er mit seinen Kameraden die Hinterlassenschaft des Feindes. Neben Lebensmitteln, Zelten und Mobiliar finden sie auch wertvolle Waffen. Fasziniert begutachtet Eugen einige Schwerter, die auf einem kunstvollen orientalischen Teppich drapiert sind. Siegessicher denkt er laut: „Mit euren Besitzern nehm' ich's jederzeit wieder auf, wenn sie's wagen!"
„Oberleutnant, Verzeihung! Aber was soll'n wir mit den Bohnen da mach'n? Sie sind ned genießbar." Der Unteroffizier platziert einen Jutesack beiger Bohnen vor Eugens Füße.
„Verbrennt's des Kamelfutter!"

Als der Morgen die Stadt langsam weckt, rauchen die Feuer immer noch. Träge erscheinen die Soldaten wieder zum Dienst. Einige Bauern sind zur Unterstützung dazugekommen.
Einer der Bauern sammelt schwarze Bohnen in der Nähe des Feuers auf. In Ermangelung eines Frühstücks fühlt er sich matt und hungrig. Er probiert eine der Bohnen. Ein bitterer Geschmack breitet sich in seinem Mund aus; bitter, aber nicht ungenießbar. Und Energie durchfließt ihn. Die Müdigkeit ist wie weggeblasen. Verwundert blickt er auf die restlichen Bohnen in seiner Hand. Er fasst einen Entschluss und beginnt dieses Wundermittel zu verteilen. Und so vertreibt er die Müdigkeit am gesamten Kahlenberg.

Zwei Jahre später sitzt Prinz Eugen von Savoyen im ersten Wiener Kaffeehaus und schlürft das schwarze Heißgetränk.

„Und das is' wirklich aus den gleichen Bohnen g'macht, die ich damals verbrennen ließ?"

Der Besitzer nickt verlegen: „Jawohl, Generalfeldwachtmeister! So is'."

„Und was mach'n die ganz'n Leut' hier?"

„Die Dichter dicht'n, die Literaten les'n und die Philosophen denk'n. Und alle zusammen trinken's Kaffee."

Eugen hebt seine Tasse: „Das klingt nach einer inspiriert'n Zukunft!" Zufrieden wendet er sich den Künstlern zu und genießt still die Atmosphäre.

Wie ein Wiener sein Würst'l bestellt

durch die Zeit
(1010, Wien)

WIENERISCH

Wiener: „Servas!"
Bratlbrater: „Servas! Wos wüst heit'?"
Wiener: „Gibst ma a Eitrige mit an Buggl."
Bratlbrater: „Siassa oda Scharfa dazu?"
Wiener: „Siassa."
Bratlbrater: „Zum Trink'n a Pfiff oda a Seiterl?"
Wiener: „A 16er-Blech, wennst host."
Bratlbrater: „Konnst hab'n, gnäd'ger Herr."
Wiener: „Vergelt's Gott!"

HOCHDEUTSCH

Wiener: „Guten Tag!"
Würstelverkäufer: „Guten Tag! Was möchten Sie heute?"
Wiener: „Bitte geben Sie mir einen Käsekrainer mit einem Brotendstück."
Würstelverkäufer: „Süßer oder scharfer Senf dazu?"
Wiener: „Süßen Senf."
Würstelverkäufer: „Darf es zum Trinken ein Achtel Bier oder ein kleines Bier sein?"
Wiener: „ Wenn Sie haben, nehme ich eine Dose Ottakringer Bier."
Würstelverkäufer: „Können Sie haben, werter Herr."
Wiener: „Gott vergelte es Ihnen."

© Helvetia Versicherung

Die
Ankeruhr

1 Uhr – Marc Aurel

Begebenheit aus 180 n. Chr.

Nach langen Monaten auf dem Feldzug gegen die Makromannen und ihre Verbündeten kehrt Kaiser Marcus Aurelius aus dem Barbarenland heim ins römische Reich. Ihm folgt ein Heer loyaler, müder Krieger, die sich den Frieden hart erkämpft haben.

Am Limes verlässt er seine Truppen kurzzeitig und reitet alleine die Donau entlang in Richtung des aufgelassenen Legionslager Vindobona. Schon aus der Ferne erheben sich die alten Gebäude am Horizont. Die malerische Umgebung erwärmt Marc Aurels kriegerisches Herz. Auf seinem Weg durch die leeren Straßen bemerkt er, dass die Infrastruktur noch äußerst gut erhalten ist. Sein tagelanger gereifter Entschluss steht fest: er wird Vindobona wieder beleben. Er traut den Makromannen transdanubiae trotz Friedensvertrag kein bisschen. Deswegen muss er den Limes erneut verstärken.

Während seinem Ritt erblüht auch sein Philosophenherz erneut. An einem Brunnen macht er Halt und betrachtet sich selbst im Wasser. Er ruft sich seinen Leitspruch ins Gedächtnis: „Wenn du Scharfsinn besitzt, so zeige ihn in weisen Urteilen. Hüte dich, dass du nicht ein tyrannischer Kaiser wirst! Ringe danach, dass du der Mann bleibest, zu dem dich die Philosophie bilden wollte."

2 Uhr – Karl der Große

Begebenheit vom 24. Dezember 800

„Mein Herr, es ist Zeit für die Weihnachtsmette." Karl nickt und folgt Einhardt durch die wirren Gänge des Vatikans. Der Chronist hat sich erstaunlich schnell mit ihnen vertraut gemacht. Beim Betreten der Sixtinischen Kapelle bemerkt Karl den feudalen Stuhl vor dem Altar. „Was der Papst wohl damit vorhat?" denkt er und nimmt hinter den Kardinälen Platz.

Die feierliche Mette beginnt. Kerzen und Weihrauch tauchen die Welt in ein mystisches Licht. Der Papst predigt von dem Wunder von Jesu' Geburt und den Neuanfängen der Welt. „Heute, am 800. Geburtstag von Gottes' Sohn, über 300 Jahre nach Untergang unseres stiftenden römischen Reiches hat die Welt einen neuen, würdigen Kaiser bekommen, der das Reich, ja ganz Europa, zu neuer, ungeahnter Größe führen wird. Ich bitte Euch, Karl, König der Franken, tretet vor und besteigt Euren Thron, damit ich Euch durch Gottes Gnaden zum neuen römischen Kaiser krönen kann." Karl ist perplex, doch Papst Leo III. lächelt einladend. Letztendlich würdevoll nimmt Karl Platz. Mit der Krone auf dem Haupt verkündet er: „Mögen in Zukunft noch viele römische Kaiser deutscher Nation dieses Reich beschützen."

3 Uhr – Herzog Leopold VI, der Glorreiche & Prinzessin Theodora von Byzanz

Geschichte um 1220

Der Herzog und seine geliebte Gemahlin genießen den Ausblick auf Wien von ihrem Burgturm aus. In den letzten Jahrzehnten ist der Ort rasant gewachsen und hat sich zu einem blühenden Handelszentrum entwickelt.

Ein Fortschritt, der Leopold mit Stolz erfüllt. „Schade nur, dass der ehemalige Graben die Gemeinschaft in zwei Hälften reißt. Könnten wir ihn überbrücken, könnten wir Wien das Stadtrecht verleihen."

Theodora nickt lächelnd und schmiegt sich enger an den Mann, der ihr Herz letztlich auch ohne Minnedichtung erobert hat. „Eröffne am Graben doch einen Markt, Liebster. Mehr Händler werden kommen, deine Stadt und dein Einfluss werden wachsen, trans und cis werden verschmelzen, Alt- und Neustadt werden eins werden."

Leopold drückt ihr einen Kuss auf. „Wahre Worte. Wien wird das Recht zur Stadt erlangen, Märkte werden sprießen und Kirchen gedeihen. Schau' dir unser Wien an: die Stadt der Zukunft!"

4 Uhr – Walther von der Vogelweide

Geschichte vom November 1203

Ehrfürchtig ruht Walthers Blick auf dem neuen Wien, seiner alten Heimat. Die Erzählungen sind wahr. Das eingeforderte Lösegeld für Richard I. Löwenherz hat das Stadtbild verändert. Eingehüllt in seinem neuen Pelzmantel folgt er dem Tross an den Wiener Hof. Wie hat er diese Stadt vermisst.

Kaum ist er durch das Burgtor getreten, läuft ein Diener auf ihn zu und bittet ihn, sofort mitzukommen. Sie eilen durch Gänge, über Höfe, Stiegen hinauf und Treppen herab, bis sie des Herzogs Privatgemächer erreichen.

Herzog Leopold wäscht sich in seinem Zuber, als Walther eintritt. Euphorisch springt er auf. „Herr Walther, willkommen in der alten Heimat! Gut, dass Ihr gekommen seid. Ihr müsst heute meine Braut mit Eurer Kunst verzücken, auf dass unsere Ehe wohlgesonnen. Singet und saget beim Mahl Euren schönsten Ton."

Walther verbeugt sich tief.

Stunden später, nach der Trauung und dem üppigen Mahl bittet der Herzog den Minnesänger vor den Thron.

Prinzessin Theodora lacht vergnügt, drückt ihrem Frischangetrauten einen Kuss auf den Mund und flüstert: „Mein Herz ist ewig dein!"

Walther lächelt über diese Zärtlichkeit. Diese Ehe steht unter einem äußerst strahlenden Stern. Zur Freude aller stimmt er sein Lied an. „Ir sult sprechen willekomen..."

5 Uhr – König Rudolf I. von Habsburg & Anna von Hohenberg

Begebenheit vom 24. Oktober 1273

Von seinem Thron aus schweift Rudolfs Blick über sein Gefolge, das ihm zur Krönung am Aachener Hof begleitet hat. Ein Vertreter des Papstes verliest die päpstliche Anerkennung Rudolfs als von Gottes Gnaden erwählter König des Heiligen Römischen Reiches Deutscher Nation. Zum ersten Mal haben die sieben Kurfürsten – vier weltliche und drei geistliche Königswähler – einem Fürsten aus dem Hause Habsburg ihr Vertrauen geschenkt. Als das Volk, die Diener, die Kursfürsten, seine Töchter und Söhne und auch der päpstliche Vertreter vor Rudolf ehrfurchtsvoll auf die Knie sinken, erhebt sich der König.

„Mein Volk! Als König ist es meine Pflicht, Kriege und Kämpfe zu verhindern. Bisher bin ich immer ein Vorreiter solcher gewesen, doch von nun an werden Heiratsbünde unser Reich stärken." Mit einer Geste bittet Rudolf den päpstlichen Vertreter seine beiden Töchter mit den beiden weltlichen Kurfürsten Ludwig II. und Albrecht II. zu vermählen. Den anderen weltlichen Kurfürsten gibt er das stumme Versprechen, auch sie als bald zu seinen Schwiegersöhnen zu machen.

Denn in Zukunft soll sich für sein Haus folgender Wahlspruch bewahrheiten: Bellum gerant alii, tu felix Austria nube!

6 Uhr – Baumeister Hans Puchsbaum

Sage aus 1455

Mit seinen circa 60 Jahren blickt der Baumeister auf eine erfolgreiche Karriere zurück. Sein Meisterwerk ist der Stephansdom, zu dessen Fertigstellung nur mehr wenige Arbeiten fehlen. Ein letztes Werk will Puchsbaum dem Dom noch hinzufügen, um das Herz der jungen, schönen Maria zu gewinnen: ein Turm, den man auf der ganzen Erdscheibe sehen kann.

Die ersten Meter wachsen schnell, doch ebenso rasch gerät das Vorhaben ins Stocken. Kein Stein scheint mehr auf den anderen zu passen.
Der Baumeister betrachtet die Grundmauern verzweifelt, als eine Gestalt mit schwarzem, sich im Wind wallendem Umhang erscheint. „Du hast Sorgen. Eine Herzensangelegenheit?"
Puchsbaum nickt seufzend. „Ich werde dir helfen und den Turm im Höllentempo fertigstellen."
Puchsbaum zögert. „Was willst du dafür?"
„Nicht viel. Nur den Namen Gottes und die anderer Heiliger darfst du nicht sagen."
Der Baumeister schlägt ein und der Turm wächst rasant.

Tage später begutachtet Puchsbaum den Fortschritt von hoch oben, als am Platz Maria vorbeigeht. Er beugt sich vor. „Mari..."
Da ergreift ihn eine schwarze wallende Wolke, reißt ihn in die Luft und verschwindet Richtung Höllenpforte.
Das Entsetzen sitzt bei den Wienern so tief, dass der Nordturm auf ewig unvollendet bleibt.

33

7 Uhr – Maximilian I.,
der letzte Ritter

Geschichte von 1519

„Ihr müsst still sitzen, Euer Majestät", bittet der malende Künstler mit untertäniger Stimme.

„Wir sitzen so still wie immer, Dürer!" kam Kaiser Maximilians verständnislose Antwort.

„Jawohl, Euer Majestät! Doch darf ich Euch erinnern, das heutige Portrait wird anders. Ihr wünschtet doch das erste naturgetreue Abbild eines Habsburgers." Der Maler versucht verlegen seinen Herren nicht zu erzürnen.

„In der Tat. Doch meine ich, Ihr, als Meister so vieler Künste, kennet ein habsburg'sches Gesicht." Maximilian, der große Kunstmäzen, versteht die Welt nicht mehr.

Dürer ringt um die richtigen Worte. „Ich kenne die Gesichter Habsburgs, und Eures, Majestät, ist mir ebenso vertraut. Doch euer Kinn – Euer hervor... herausragendes Kinn – das habsburg'sche Kinn blieb mir zu Zeichnen bisher verwehrt. So bitte ich um Geduld, bis ich es ebenso kenne, wie Euer übriges Antlitz." Unsicher lugt er hinter der Leinwand hervor.

„Soso, hervorragend also." Maximilian rückt seinen Unterbiss ins Licht. „So sei es für die Nachwelt erhalten und den Untertanen offenbart – das habsburg'sche Kinn."

8 Uhr – Johann Andreas von Liebenberg

Geschichte aus 1679

Der Bürgermeister von Wien schreitet bedächtig durch die Gänge des Krankenhauses. Fast täglich besucht er diesen Ort, denn es ist seine Pflicht für seine Bürger da zu sein. Auch in ihren letzten Stunden. So bleibt er von Zeit zu Zeit neben einem Bett stehen und spricht tröstende Worte zu den Todgeweihten, deren Körper von schwarzen Beulen zerfressen werden. Nur ein Leintuch über Mund und Nase schützt ihn vor den Pestviren.

„Herr von Liebenberg, gut, dass Sie hier sind." Ein älterer Arzt kommt auf ihn zu. „Wir haben Nachricht aus dem Orient. Die Ratten sind des Teufels Gehilfen bei der Verbreitung des Schwarzen Todes." Liebenberg runzelt die Stirn. „Ihr meint, wir müssen die Ratten loswerden? Wie stellt ihr euch das vor?" Der Arzt zuckt ratlos mit den Schultern. „Ihr müsst es schaffen. Eurer Stadt und Euren Leuten zuliebe!" Der Bürgermeister seufzt. „Nun gut. Lasset uns die Pest bekämpfen, jaget die Ratten, lasst es enden!" Sprach's und machte sich daran, gemeinsam mit den Wienern Ratten und Pest zu vertreiben.

9 Uhr – Ernst Rüdiger von Starhemberg

Begebenheit im Jahr 1683

„Herr Graf, die Osmanen! Sie sprengen schon unter'm Graben!" Ein aufgeregter Laufbursche stürmt das Arbeitszimmer. Starhemberg dankt ihm ruhig und schickt ihn mit einem Stück Brot wieder fort.

Bürgermeister Liebenberg, der während dieser 2. Türkenbelagerung sein engster Vertrauter geworden ist, ergreift das Wort. „Meinen Sie immer noch, es war die richtige Entscheidung sich nicht zu ergeben und auf das Entsatzheer zu warten?" „Ja", entfährt es dem Grafen heftig. „Ich werde dieses schöne Wien nicht einem dahergelaufenen Osmanen überlassen. Die Unterstützung wird kommen. Da können die den Graben und meinetwegen auch die Stadtmauer untergraben, verminen und sprengen. Am Ende werden wir den Sieg davontragen und der Feind kann sich zurück an den Bosporus verziehen!" Liebenberg lächelt, ob Starhembergs Kampfansage. „Aber Ihr müsst etwas gegen die Grabungen unternehmen." Der Graf haut verzweifelt auf den Tisch, dass sein Wasserglas bebt. „Bottiche mit Wasser. Sie werden uns die Grabungen offenbaren und wir hauen dann rein."

Noch am selben Abend stehen die ersten Erschütterungswarnsysteme, in Form von Wassertonnen, und das Blatt beginnt sich zu wenden.

10 Uhr – Prinz Eugen von Savoyen

Erzählung aus 1736

Unruhig tigert der Löwe in seinem Gehege auf und ab. Die anderen Tiere in der Menagerie haben sich bereits vor Stunden zu Ruhe gebettet. Im Übrigen scheinen auch die Menschen im Schloss Belvedere zu schlafen. Doch der Löwe spürt die beunruhigenden Vorzeichen bereits. Er ist des Prinzens liebstes Tier und ganzer Stolz. Tagelang haben sie in Zweisamkeit die Kunst und die Flora der Parkanlagen genossen. Er war nicht nur der König der Tiere, sondern auch des Prinzens König.

Doch nun ist der Prinz bereits den dritten Tag und die dritte Nacht fern geblieben. Ein unbehagliches, endgültiges Gefühl beschleicht den Löwen. Als in der Ferne eine Kirchenglocke dreimal schlägt, brüllt das Tier auf, so dass es die Stille der Nacht zerreißt.

Ein Wächter stürzt aus seinem Kabäuschen ins Freie, um nach dem Rechten zu sehen. Er findet das Schloss in der Ferne hell erleuchtet und zaghaft hallt das Sterbeglöcklein durch die Dunkelheit.

Der Prinz ist tot und sein König hat es als Erster gespürt. Lang lebe Prinz Eugen!

11 Uhr – Maria Theresia & Franz Stephan v. Lothringen

Geschichte um 1745

Mit aufgestütztem Kopf brütet die regierende Erzherzogin über der neuen Kriegsstrategie gegen die Preußen. Ihre Berater hat sie bereits vor Stunden entnervt fortgeschickt.

Als sich nun die unsichtbare Seitentüre leise öffnet, murrt Maria Theresia unwirsch. Die Hofdame verlautet zaghaft: „Ihre Majestät, Seine Majestät fährt vor!" Die Majestät springt auf. Wen interessiert jetzt noch das preußische Monstrum?

Zügig schreitet sie durch die Salons, Säle und Gemächer. Ihre weiten Röcke bauschen sich. Aus dem Tausend-Lichter-Saal tritt sie hinaus auf den Balkon.

In dem Moment hält die kaiserliche Kutsche unter ihr. Ihr Göttergatte springt heraus, sie läuft die Treppe hinunter, er kommt ihr entgegen. Auf halbem Weg fallen sie einander in die Arme.

„Was haben Sie mir von Ihren Forschungen mitgebracht?"

Stephan lacht. „Viele versteinerte Wesen für unsere naturhistorische Sammlung."

Maria Theresia blickt empört hoch. „Und was soll aus meinen hart erkämpften Reformplänen werden?"

„Und bändeweise Berichte über fremde Schul- und Ausbildungssysteme habe ich für Sie, meine Teuerste", fügt er beschwichtigend hinzu.

Strahlend hakt sie sich unter. „Dann kann ich meine Reformen also beginnen."

„Ja, das könnt Ihr wohl. Lasst mir dabei nur meine Natursammlung."

12 Uhr – Joseph Haydn

Begebenheit aus 1809

Von Schmerzen geplagt erwacht der betagte Komponist. Sein Geist ist nach wie vor quirlig, doch sein Körper lässt ihn im Stich. „Oh Gott, wie viel ist noch zu tun in dieser herrlichen Kunst!" Doch sein Leben neigt sich dem Ende zu. Nach langer, innerer Diskussion lässt er sich schließlich von seinem hilfsbereiten Diener aus dem Bett hieven. Mit kleinen Schritten schlurft er ans Klavier. Die ersten Sonnenstrahlen wecken den Garten. Welch' Farbenpracht die Blumen bereits hervorbringen. Innerlich beschwingt stimmt Haydn sein liebstes Werk an: die Kaiserhymne. Verschmitzt erinnert er sich daran, wie er die Melodie immer wieder von sich selbst stibitzt hat. Ein jugendliches Aufblitzen in seinem Herzen lässt ihn seine „Schöpfung" anstimmen. Während seine Finger die Tasten von alleine finden, sinniert er ehrfürchtig über Anfang und Ende des Lebens. Wie viele Jahrzehnte es dauert und doch ist es nur ein Wimpernschlag; so viel Zeit und doch ist es zu wenig, um der Kunst gebührend zu dienen. Der Greis schließt die Augen und lauscht seinen Herzschlägen.

© ACE / Helvetia Versicherung

Über die Vergänglichkeit der Zeit

Geschichte aus 1911

„Was wird das?" Gustav Klimt lugt über Schulter seines Freundes und Kollegen Franz von Matsch.

„Ein Auftrag für die Ankerversicherung", lautet die missmutige Antwort.

„Die mit den Lebensversicherungen?"

Matsch nickt.

„Und sie bekommen von dir nur ein Plagiat eines Londoner Uhrturms?"

Matsch schiebt die Skizze beiseite. „Ich weiß schon. Aber was soll man zum Thema „Vergänglichkeit der Zeit" sonst machen?"

„Ist die Zeit denn nur vergänglich?"

Der Künstler erhebt sich und tritt ans Fenster. Er denkt laut: „Die Zeit konserviert Geschichte, das Leben selbst. Wo unser Leben doch nur von der Geburt zum Tode reicht."

„Und dazwischen ist man am besten bei der Ankerversicherung aufgehoben", ergänzt Klimt trocken.

Doch sein Freund hört den Schmäh schon nicht mehr. Er sitzt bereits in seinem geistigen Elfenbeinturm und sieht Bilder, die er mit Klimt und der Welt erst in der Zukunft teilen wird.

Figurenfindung

Begebenheit im Jahr 1911

Seit Stunden wälzt sich Franz von Matsch rastlos in seinem Bett hin und her. Sein Geist kommt einfach nicht zur Ruhe. Beständig rattert es in seinem Kopf: „Die Ankeruhr... Österreichs Geschichte... Wer sind ihre würdigsten Vertreter?"

Franz erhebt sich und findet sich wenig später in den Wäldern um Wien wieder. Die kühle Nachtluft befreit sein umnebeltes Gehirn. Er beobachtet aus der Distanz die wenigen Lichter, welche die schlafende Stadt noch erhellen. Der Vollmond taucht sie in sanftes Licht. „Unser Herrscherhaus, das die Zeit so lange überdauert hat, ist eine Möglichkeit", überlegt der Künstler. „Doch Wien, mein Wien, du bist doch mehr als deine Herrscher. Du bist Musik, ein Legionslager, Heimat größter Feldherren, Baumeister und Musiker." In dem Architekten reift eine Idee. Er beginnt eine Auswahl seiner Figuren zu treffen. Sein Kunstwerk soll der Nachwelt die umfassende Geschichte dieses Landes erzählen, untermalt von Musik – Wiens wahrer Liebe!

Die Entdeckung der Skizzen

Begebenheit im Jahr 1999

Gerald Sabath steht mit dem alten Büroleiter Anton Nemec in der Ankeruhr und sieht den Figuren auf ihrem Weg zu. Jede Minute ein paar Zentimeter. Der alte Uhrenwächter erzählt die Geschichte, wie ihm diese Aufgabe in die Hände gefallen ist. Gerald hört diese Geschichte gerne.

„Damals haben sie mich dazu verdonnert das Archiv auszumisten. Alle diese alten, verstaubten Akten mussten raus. Stundenlang war ich bereits zugange, als ich eine Schachtel aus dem obersten Regal zog. Da kracht mir plötzlich eine Zeichenmappe auf den Kopf. Meine Stimmung war endgültig im Keller. Ich öffnete die Mappe, obwohl ich noch mehr alten Schrott vermutet hatte. Doch mir öffnete sich ein Tor in eine andere Welt. Ich befand mich inmitten der Skizzen und Ideen, die Franz von Matsch zu unserer Ankeruhr festgehalten hatte. Die Schöpfungsgeschichte dieses Kunstwerks lag in meinen Händen. Ich beschloss in diesem Moment, ihr Fortbestehen in meine eigenen Hände zu nehmen. Und jetzt übergebe ich dir diese Aufgabe."

Gerald Sabath nickt ehrfürchtig, doch mit funkelnden Augen. „Ich werde mich gut um die alte Dame kümmern. Ehrenwort!"

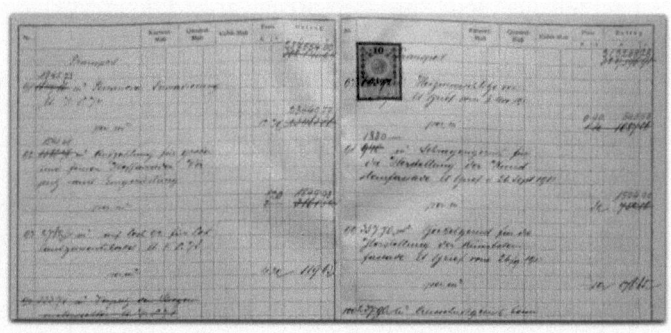

Instandhaltung

Begebenheit im Jahr 2014

Im Morgengrauen betritt Arno Kalivoda, seines Zeichens Uhrmacher, die Brücke der Ankeruhr. Für ihn ist es ein besonderer Tag mit einem besonderen Auftrag: die Figuren der Ankeruhr bekommen neue Rollen. Akribisch inspiziert er die unteren Laufrollen, welche die Figuren auf der Zugkette halten. Immer wieder fertigt er kleine Skizzen und Notizen an, hat doch Franz von Matsch trotz seiner vielen Entwürfe keinen genauen Bauplan hinterlassen. Bei einem zweiten Rundgang nimmt Arno die oberen Stützrollen unter die Lupe. Erstaunt muss er feststellen, dass die Figuren unterschiedlich hoch sind. Zusätzlich neigt sich die gesamt Brücke um gute zwei Zentimeter, sodass jene mit zu kleinen Rollen drohen einen Köpfler über die Brüstung zu machen. Bei der Vorstellung muss er grinsen.

Mitten in seinen Überlegungen betritt Gerald Sabath die Uhr und erkundigt sich interessiert nach dem Inspektionsergebnis. Arno rümpft die Nase. „Die ganze Uhr scheint Pi mal Daumen zusammengebaut worden zu sein." „Bitte sagen Sie mir, dass wir das hinbekommen! Das Rathaus hat bereits angerufen, dass ihre Beschwerdetelefone heiß laufen, weil die Uhr steht." Arno nickt. „Wir bekommen die alte Dame schon wieder hin." Insgeheim schüttelt er allerdings den Kopf über die Wiener, die nicht einen Tag ohne ihre Ankeruhr leben können.

Der Gruselspaziergang

Scheintote am Minoritenfriedhof

Geschichte aus dem Mittelalter
(1010, Minoritenplatz)

In einer klirrend kalten, kristallklaren Dezembernacht überquert Lisl den Minoritenfriedhof. Es ist der einzige Weg zu ihrer Unterkunft. Nur fünf kleine, schwache Laternen erhellen den Kirchplatz, über den langsam die Nebelschwaden ziehen. Lisl wird unwohl, alleine zwischen all den toten Menschen. Der Gedanke an die Untoten lässt sie erschaudern. Sie zieht ihren Wollumhang enger um ihre Schultern. Ängstlich blickt sie sich um. Eine Fratze blickt zurück. Lisl erstickt einen Schrei mit der Hand. Es ist nur der Nebel.

Was ist das? Stöhnt da jemand? Das Stöhnen wird lauter, zieht direkt unter ihren Füßen empor. Vor Schreck bleibt der Schrei ihr im Halse stecken. Unter ihren Füßen kratzt etwas. Die Untoten erwachen. Mit einem gellenden Schrei reißt Lisl ihre Röcke hoch und läuft blindlings durch die Nebelfratze. Sie stolpert und fällt bäuchlings auf den Boden. Ein Blick zur Seite verrät ihr die Stolperfalle: eine Hand. Drei Finger haben die Ratten schon zerfressen. Lisl dreht den Kopf weg. Da blickt sie in die ausgepickten Augenhöhlen eines halbverwesten Mannes. Lisl verdreht die Augen und fällt in Ohnmacht.

Hoffentlich erwacht sie, bevor auch sie lebendig begraben wird.

In der Michaelergruft

Geschichte um 1500
(1010, Michaelerplatz 5-6)

Der Totengräber Samuel wird in die Michaelergruft hinab geschickt. Die Kerze in seiner Hand zittert. Ihm läuft ein eisiger Schauer über den Rücken. Am Fuße der Treppe lauscht er. Stille. Totenstille. Doch da. Er hört ein Knarren und Schaben. Er schreitet über den blutroten Staub, unter seinen Füßen brechen Knochenreste und zerfallen. Samuel nähert sich dem Knarren. Er denkt an das Gebeinhaus von Sankt Stephan. Dort wäre ihm jetzt wohler. Just in diesem Moment erlischt seine Kerze. Ein erstickter Schrei entweicht seiner Kehle. Hastig dreht er sich um und versucht den Weg zurück zu finden. Ab und an leuchtet ihm ein Grablicht. Er erblickt die Toten. Eine rote Substanz rieselt aus ihren Mundwinkeln und Ohrmuscheln. Oder rinnt sie? Eine Flüssigkeit? Blut? Nach all der Zeit? Sind die Körper vielleicht gar nicht tot?
Samuels Magen rebelliert. Mit vor den Mund gepresster Hand erreicht er endlich die erlösende Stiege. Er stürzt sie nach oben, ohne einen Blick zurück. Erst in der hellen Mittagssonne atmet er auf. Wenn doch morgen nur nicht die Beisetzung des kaiserlichen Kammerdieners wäre.

Die Blutgräfin

Legende um 1600
(1010, Augustinerstraße 12)

Eines Sonnabends wird der Novize August in den Keller geschickt, um Messwein zu holen. Durch das Gewölbe hallen wimmernde Laute. Wider besseres Wissen folgt er ihnen durch dunkle Gänge, eine steile Treppe hinauf bis zu einem Guckloch in der Wand. Von Neugierde getrieben, riskiert er einen Blick. Dem Novizen offenbart sich ein Bild des Grauens.

Hinter dieser Wand befindet sich das Badezimmer der Gräfin Báthory-Nádasdy. Auf der rechten Seite steht ein Waschzuber, hinter dem auf einem Schemel ein Diener steht, der das Blut eines kopflosen Mädchens in diesen Zuber füllt. Ihr Haupt liegt achtlos auf dem blutigen Boden. Das Blut soll die Haut der Gräfin verjüngen.

Auf der anderen Seite steht eine großgewachsene Gestalt, in einen Umhang mit hohem Stehkragen gehüllt. Die Gräfin. In ihrer Hand hält sie eine lange Nadel und piekst auf jemanden ein. Schmerzensschreie erfüllen die Luft. Die Gräfin lacht lüstern.

Die hängende Leiche ist blutleer und wird achtlos in einen dunklen Winkel geworfen. Der Zuber ist fast voll. Die Gräfin ergreift eine Klinge und tritt hinter das schreiende Mädchen. Ihr Umhang wallt. Sie schlitzt die Kehle auf. Das Lebenselixier rinnt über ihre Hand. Sie hebt den Blick zum Guckloch und lacht befriedigt.

Hat sie ihn entdeckt? Der Novize stolpert die Treppe hinab. Das Lachen der Blutgräfin hallt ihm nach.

Urheber & Quelle unbekannt, 1585

Der Vampirjäger

Begebenheit um 1760
(1010, Tegetthoffstraße 2)

Sechs stattliche Männer hieven ächzend die schwere
Steinplatte zur Seite. Der Sarg ist geöffnet und entlässt
einen faulig-eitrigen Geruch. Wimmernd gehen die Helfer
einige Schritte zurück. Ein regungsloser Körper liegt vor
ihnen. Schlafend; oder doch tot? Die Haut ist rosig, fal-
tenfrei. Nur ein dünnes Rinnsal aus Blut zeugt vom Wesen dieser Kreatur. Die Fingernägel sind unnatürlich lang.
An den Spitzen sind sie abgesplittert, Gesteinsstaub färbt
die Ränder grau. Die Hände ruhen auf dem fülligen Leib.
Die Männer wimmern erneut. Einer übergibt sich wegen
des fauligen Gestanks. Endlich entlässt der Leibarzt ihrer
Majestät sie mit einer, wenn auch verächtlichen, Handbe-
wegung.
Dann geht Gerard van Swieten akribisch ans Werk. Er
notiert minutiös jede Beobachtung, jede Ungewöhnlich-
keit und jede Ursache derselben. Mit einer langen Nadel
sticht er in den Bauch des Toten. Eine neue Welle Fäulnis
erfüllt die Luft. Langsam, wie ein undichter Ballon, senkt
sich die Bauchdecke. Er benutzt sein Riechsalz. Vorsichtig
löst er etwas Staub von den Fingern des Toten. Dabei
entdeckt er, dass sich die Haut des Nagelbettes zurückge-
zogen hat. Das lässt die Finger lang und knochig wirken.
Als er den Mund der Leiche mit spitzen Fingern inspiziert,
löst sich ein Stück Zunge heraus. Die Bissspur passt genau
zum Zahnabdruck des vermeintlichen Vampirs.
Der Arzt notiert zu seinen Skizzen, „daß der ganze Lärm
von nichts andern herkömme, als von einer eitlen Furcht,
von einer aberglaubischen Leichtglaubigkeit, von einer
dunklen und bewegten Phantasey, Einfalt und Unwissen-
heit bei jenem Volke."

Urheber & Quelle unbekannt

Henkersmedizin

Geschichte aus dem 15. Jahrhundert
(1010, Rauhensteingasse 8)

Der muskulöse Mann betritt seine Werkstatt. Sein blutiges Schwert legt er auf einen Holztisch, den Griff etwas erhöht, damit das Blut in ein Gefäß abtropfen kann. Dann schreitet er umher, entzündet Kerzen und die offene Feuerstelle. Hinter ihm betreten zwei junge Männer die Werkstatt. Sie tragen einen großen Leinensack zwischen sich. Ein dritter folgt mit einem kleineren Sack. Sie legen alles auf einen Tisch und verschwinden mit gesenkten Häuptern. Erst als der Mann seine Helfer auf der Straße unten sieht, nimmt er seine Maske ab. Jetzt kann er seiner eigentlichen Berufung nachkommen.

Er geht zum Tisch und öffnet den großen Sack. Der kopflose Dieb liegt vor ihm. Mit einem scharfen Messer trennt er sorgfältig das Fett von den Muskeln und wirft es in den Topf über dem Feuer. Dann packt er den Kopf aus dem kleinen Sack und zieht ihm die Zähne. Sie werden noch jemandem nützlich sein. Er rührt im Topf und wendet sich dem Schwert zu. Akribisch wischt er das Blut ab und fängt es auf. Kein Tropfen wird vergeudet. Er vermischt das Lebenselixier mit seinem besten Wein zu des Herzogs Verjüngungskur. Schließlich fügt er dem geschmolzenen Menschenfett allerhand Ingredienzien hinzu und füllt es in ein Tongefäß.

Alle drei Heilmittel stellt er zur Eingangstür, um sie am nächsten Tag wie bestellt an die Apotheke zu liefern.

Urheber & Quelle unbekannt

Der Ruf des Todes

Begebenheit aus 1791
(1010, Rauhensteingasse 6)

Schlag Mitternacht, zur Geisterstunde klopft es energisch an der Tür der Rauhensteingasse 6. Wolfgang Amadeus Mozart fährt aus seinen Gedanken hoch. Ein eiskalter Schauer läuft ihm über den Rücken. Das Klopfen wird eindringlicher.

Mit einer Kerze in der Hand öffnet Mozart die Tür. Vor ihm ist es schwarz – zu schwarz. Er hebt den Kopf. Ihn überragt eine hagere Gestalt, mit langer Nase, leichenblassem Gesicht und toten Augen.

Der Fremde verschafft sich Zutritt und begibt sich ohne Umschweife ins Musikzimmer.

„Mein Meister bittet Sie um ein Requiem, Herr Mozart. Ein Requiem, das Seinesgleichen suchen wird."

Der chronisch verarmte Komponist zögert. Etwas Unheilvolles hängt im Raum.

Der Fremde wirft einen Beutel voll Goldthaler auf den Tisch. „Retten Sie zumindest Ihre Familie."

Der Musiker spürt das Unausgesprochene. Er will fliehen, doch seine Beine versagen den Dienst.

Ohne ein weiteres Wort verlässt der Fremde das Haus. Mozart ist gewiss, dieser Bote, der mit jener Welt in näherer Verbindung stehe, ist gekommen, um ihm sein Ende anzumelden.

Und mit jeder Note, die Mozart zu Papier bringt, verlässt ihn das Leben.

Urheber & Quelle unbekannt, 1791

Das Jüngste Gericht

Zukunftslegende
(1010, Stephansplatz)

Jahrelang ist der Himmel hinter einer dicken, dunklen Wolkendecke verschwunden. Doch in jener Nacht reißt sie ein gewaltiger Blitz entzwei. Der Boden tut sich auf und gibt das Höllenfeuer frei.

Aus allen Löchern und Winkeln kriechen die seelenlosen Körper der lange Verstorbenen. Aschewolken steigen aus Wandgräbern, aus Erde und Wasser, und finden sich zu wabernden Gestalten zusammen.

Einige Körper kriechen kraftlos über den Boden. Sie sind früher Kaiser und Könige gewesen.

Andernorts kriechen ihre Herzen. Bei jedem Schlag springen sie ein paar Zentimeter weiter, ziellos auf der Suche nach ihren Besitzern.

An einem dritten Ort schieben sich die herrschaftlichen Gedärme durch die Ritzen und Spalten ihrer letzten Ruhestätten. Wie angefaulte Raupen kriechen sie durch die Kirche auf den Platz. In ihrer Hast verwickeln sie sich zu einem einzigen gordischen Knoten. Sie ziehen und zerren in alle Richtungen. Am Rande des Platzes erscheinen ihre Besitzer, die bereits ihre Herzen gefunden haben. Übermütig zerren die Gedärme fester. Da platzt ein Darm und eine faulig-eitrige Substanz spritzt über den Platz. Vor Schreck zerreißt es auch die anderen Gedärme.

Da fallen die Körper und Herzen in sich zusammen und werden vom Höllenfeuer verschluckt.

Die Plainacherin

Erzählung vom 14. August 1583
(1010, Postgasse 10)

„Wie lange hat sie bereits gefastet?" fragt der Jesuit Georg Scherer. „Zwölf Tage", antwortet der Wachposten und öffnet die Tür zur Barbarakirche. Der Exorzist tritt über die Schwelle.

Die Tür schließt sich knarrend. Der Schein hunderter Kerzen wirft gespenstische Schatten an die Wände. Die Flammen entziehen der Luft jeglichen Sauerstoff. Scherer schreitet schwer atmend nach vorne. Kreuz und Gebetsbuch hält er fromm in seinen Händen.

Am Altartisch hängt ein junges Mädchen, die Arme zur Seite gebunden, ihr Körper durch Geißelungen und Hunger geschändet, vor ihrer nackten Scham eine brennende Kerze. Scherer hebt Kreuz und Bibel, holt tief Luft und beginnt die Formeln zur Teufelsaustreibung zu murmeln. Dabei schwankt er rhythmisch vor und zurück, verdreht die Augen und erleidet Schweißausbrüche. Das Mädchen erwacht zum Leben, reißt und zerrt an ihren Fesseln, lallt und lacht diabolisch. Nach Stunden des Ringens auf beiden Seiten spricht sie ihn an: „Großmutter hat die Dämonen als Fliegen in Gläsern gehalten." Sie sackt bewusstlos zusammen. Der Exorzist löscht die Kerze, bindet das Mädchen los und hebt es hoch. Dort, wo es gefangen gewesen ist, liegen nun 12.652 tote Fliegen.

Die erste und einzige Hexenverbrennung in Wien. (Seite 838.)

Urheber & Quelle unbekannt, 1880

Der Narrenturm

Begebenheit aus den 1780ern
(1090, Altes AKH)

Da gaffen sie, die Wiener, am Sonntag Nachmittag zwischen Mittagessen und Kaffeejause. Sie glotzen durch die Fenster, um den Irren und Tobenden beim Leben zuzusehen. Sie lachen, wenn sich einer anpinkelt. Sie quietschen vergnügt, wenn einer immer wieder in eine Wand rennt. Sie springen erschrocken zurück, wenn er sich dann gegen das Fenster wirft. Aussätzige sind sie, die Abnormen. Weggesperrt gehören sie, wie Tiere, zum Begaffen und Belustigen.

Das aber will Kaiser Joseph II. so nicht mehr akzeptieren. Den Bewohnern des „Gugelhupfs" gehört geholfen. Der Reformkaiser veranlasst, ihnen die beste medizinische Therapie mittels Strom zukommen zu lassen. Er nimmt seinen Wienern die sonntägliche Belustigung, indem er die unteren Stockwerke aalglatt verputzen lässt, um die Bewohner vor den kletternden, gaffenden Affen zu schützen. „Denn", so schließt der Kaiser seinen Erlass: „sie sind auch nur Menschen, die vor Gott so gleich sind, wie wir."

Im Ratzenstad'l

Geschichte um 1950
(1060, Magdalenenstraße)

Am Saugraben an der Wien ist es wahrlich grässlich. An der Grenze zur idyllischen Altstadt sagen sich Ratte und Rabe gute Nacht. Tagein, tagaus zieht der Gestank nach Urin, Abfall und Verwesung durch die Häuserschluchten. Keiner lebt freiwillig hier im Ratzenstadl. Aber was bleibt manchen übrig. So wie dem alten Herrn Nowak, der durch die Zerschlagen der Monarchie und den folgenden Nöten und Krisen alles verloren hat.

Im Winter sitzt er in seiner zugigen Wohnung, ganz nah am Kohleofen, um seine klammen Finger und Zehen zu wärmen. Jeden Tag geht er mit Zeitungspapier in den eisigen Keller, um neue Kohle zu holen. Einmal rutscht er auf einer Eisplatte aus und fällt so unglücklich vor den Kohlehaufen, dass er bewegungslos liegen bleibt. Erst nach drei Tagen erlöst ihn der Tod von seinen Qualen. Und dann kommen sie, die Ratten. Sie kriechen durch die kleinsten Ritzen, aus den verwinkeltsten Löchern und fallen über den armen, toten Nowak her. Ein Festmahl! Ihr Übermut bringt den Kohlehaufen zum Einsturz und begräbt den Toten.

Erst 60 oder 70 Jahre später wird der alte Herr Nowak endlich seine letzte Ruhestätte am Friedhof finden.

Das Spukhaus von Wien

nach einer Gegenwartsgeschichte
(1170, Rokitanskygasse)

1979. Silvesternacht. Ein vierzigjähriger Mann entschläft im 3. Stock eines Altbaus in die ewige Ruhe. Es wird drei Wochen dauern, bis die Nachbarn durch üblen Verwesungsgeruch alarmiert werden und ihn am Gang-WC entdecken.

1989. Silvesternacht. Eine Vierundachtzigjährige wird nach drei Wochen tot im 2. Stock gefunden. Die verweste Leiche sitzt noch in ihrem Fernsehsessel.

1999. Silvesternacht. Ein Mann, achtunddreißig Jahre alt, stirbt qualvoll in seinem Wohnzimmer. Es dauert Wochen, bis er vermisst und gefunden wird.

2009. Silvesternacht. Wer ist der nächste?

Der Fluch der Gluthmühle

Sage aus dem 16. Jahrhundert
(1140, Utendorfgasse 27)

In der brütenden Hitze werden die Hexe und ihr Verbündeter, ein Priester auf der Wiese vor der Gluthmühle in Leinensäcke gesteckt. Herzog Rudolf bereitet ihre Hinrichtung persönlich vor. Die Hexe verhält sich ganz ruhig, doch der Priester wehrt sich. „Ich wollte Euch nur die Geister nutzbar machen, Herzog. So gebt zumindest mir die letzte Ölung und Beichte." Herzog Rudolf wehrt ab. „Unsinn! Dem Teufel wolltet Ihr mich zuführen. Damit habt Ihr die Rechte eines Christen verwirkt. Bis in alle Ewigkeit." Während die Säcke mit Steinen beschwert und zugenäht werden, tönt der Priester: „Ich verfluche Euch, Rudolf! Möget Ihr das Ende dieses Jahres niemals erleben!" Der Herzog winkt ab. „Ertränkt sie. Ich muss auf eine Reise."

Die Monate ziehen ins Land und Rudolf zieht durch Italien. Er ist in Mailand, als er sich täglich unwohler fühlt. Bereits bettlägerig kommt dem 26-jährigen der Fluch wieder in den Sinn. Je schwächer sein Körper wird, desto stärker ist die Gewissheit, der Priester lässt ihn vom Teufel holen.

In dem Moment als der Körper seine Seele freigibt, kann er sich vor dem Höllenschlund an den Fluss bei der Gluthmühle retten. Sollte der teuflische Priester je seiner letzten Ruhestätte entsteigen, würde Rudolf ihn zur Rechenschaft ziehen. Endgültig!

Der Alchimist von Rodaun

Überlieferung aus dem Jahr 1745
1230, Ketzergasse 372)

In einer regnerischen Nacht betritt ein verrunzelter, behüteter Mann das Badhaus von Rodaun. Er stellt sich als Sehfeld, der Alchemist vor und unterbreitet gleich den Vorschlag, gegen Kost und Logis vor Ort Gold zu erzeugen und es mit den Gastgebern zu teilen. Das ältere Ehepaar kann ein zusätzliches Einkommen gut brauchen. So wird der Gast im Keller einquartiert, wo er sich alsbald verbarrikadiert. Nur zu seinen Badekuren und um Bestellungen aufzugeben, verlässt er sein Labor. Er lässt seine Gastgeber Schwefel, Phosphor und Salpeter besorgen und schickt sie zum Sammeln von Schlangen, Kröten und Fledermäusen in den umgebenden Wienerwald. Er benötige das alles, um den „Roten Löwen" zu erwecken. Denn nur so entstehe Gold. Sehfelds Alchemie erzeugt einen bestialischen Gestank, der durch das gesamte Dorf Rodaun wabert. Die Bewohner sind beunruhigt, haben Angst um ihr friedliches Leben und melden Sehfeld der Obrigkeit. Diese lässt ihn umgehend abführen und einkerkern, bevor sie ihn in den Dienst der Kaiserkrone stellt. Die Rodauner sind beruhigt und glücklich. Doch es gibt auch Wehmütige, die wissen, Sehfeld hat tatsächlich Gold gemacht.

Urheber: David Teniers de Jonge & Quelle unbekannt

Nach ihrem Debütroman „UNlabelled" legt
Alexandra C. Eckel ihre zweite Arbeit vor:

DIESES BUCH TUT WEH!

Versuch einer gesellschaftlichen Demontage
mit allen ihren Konsequenzen.
Wollt ihr das?

Taschenbuch - 44 Seiten - 4,99 €
ISBN: 978-3-9504447-3-5

www.ptpbyace.com

Alexandra C. Eckel

**Stadt
geschichten**

3 Spaziergänge durch Wien

demnächst
auch als
Hörbuch

Demnächst auch als Hörbuch erhältlich!

Die schönsten und bekanntesten Erzählungen aus den
Stadtgeschichten – 3 Spaziergänge durch Wien erzählt von
Karin Nussbaumer und Werner Wawruschka.

Vorbestellungen

1 CD – gekürzte Fassung

www.ptpbyace.com

UNlabelled – Verfolgt vom Schatten der Macht

In den Wirren des Zweiten Weltkrieges trifft der Luftwaffensoldat Markus Hofer auf sein Schicksal. Die Liebe zu Sonderingenieur Baron Oberst Oskar zu Schöneburg. Ihre Liebe trotzt allen Widerständen und lässt beide als Menschen wachsen. Doch der §175 stellt die Homosexualität und damit ihre Liebe unter Todesstrafe. Die Schlinge zieht sich immer enger, als die SS die beiden an den Abgrund des Lebens treibt...

Taschenbuch – 224 Seiten – 9,99 €
ISBN: 978-3-9504447-2-8

www.ptpbyace.com

Jetzt auch als Hörbuch erhältlich!

UNlabelled – Verfolgt vom Schatten der Macht gesprochen von Regisseur und Schauspieler Werner Wawruschka, dem die literarische Vorlage zum persönlichen Anliegen wurde.

Hörprobe

2 CDs – gekürzte Fassung - 9,95 €
ISBN: 978-3-9504447-5-9

www.ptpbyace.com

Alexandra C. Eckel

Die Schriftstellerin wurde 1988 in Wien geboren. Sie studierte an der Universität Wien Geschichte und diese bildet die Basis ihrer Arbeit. Gemäß ihrem Motto „Ich bin Geschichte" öffnet sie mit ihren Büchern ein Tor zu Emotionen.

www.ptpbyace.com

PTP by ACE

THE GATE TO YOUR EMOTIONS

PTP by ACE

Verein zur Konservierung und Publikation von Literatur, Bild- und Tonaufnahmen. Im Mittelpunkt steht unser Motto „In der Gegenwart aus der Vergangenheit für die Zukunft lernen".

www.ptpbyace.com